Si le bateau coule

Laura Mahieu

Si le bateau coule

DE LA MÊME AUTRICE :

*Mon cœur mis à nu*, 2021

*Mon âme mise à nu*, 2022

*À force d'espoir*, 2023

Copyright © Laura Mahieu, 2024

Tous droits réservés

Illustrations de couverture et intérieures © : Camille Bilisari
Éditrice : Pauline Bilisair

Édition : BoD · Books on Demand GmbH, In de Tarpen 42, 22848 Norderstedt (Allemagne)

Impression : Libri Plureos GmbH, Friedensallee 273, 22763 Hamburg (Allemagne)

ISBN : 978-2-3225-5856-8

Dépôt légal : novembre 2024

## Sommaire

*Noyade*
*Profondeurs*
*Se remettre à nager*
*Rivage*

« Être sensible c'est être vivant, et nous ne sommes jamais trop vivants. »

– Zaho de Sagazan

*Ces mots sont pour celles et ceux
qui ressentent tout trop fort,
qui vibrent au rythme de la vie,
se brisent sous le poids des larmes
et ressuscitent dans l'écho des rires.
Ne vous excusez jamais d'exister avec intensité.*

*Si le bateau coule*

## Note de l'autrice

La poésie
c'est l'intimité dévoilée
les émotions sublimées
les silences et les cris
les tempêtes puis l'éclaircie.

Ma poésie
c'est raconter
pleurer
vibrer
ressusciter.

La poésie
c'est tracer un chemin
avancer sans rien oublier
écouter sa sensibilité
se délester du poids du passé.

Ma poésie
c'est rencontrer
des âmes semblables à la mienne
écorchées mais pleines de rêves.
C'est me (re)trouver moi
à leurs côtés
dans nos mots partagés.

Pour que ce livre soit à l'image de mon rapport à la poésie, vous trouverez au début de chaque partie un poème écrit par un ou une amie, qui embellit chacun à sa manière mon univers littéraire et ma vie.

## Qui suis-je ?

*Laura l'écrivaine ?*

Celle que j'ai toujours rêvé d'être. Celle qui écrit pour se faire du bien, et qui peut en faire aux autres. Celle qui écrit ce qu'elle a du mal à dire. Celle qui se réfugie dans sa bulle, se coupe du monde. Celle qui panse ses plaies à coups de mots et balaie ses doutes en poésie. Celle qui lit, bercée par la mélodie des phrases. Celle qui rencontre, qui partage ses expériences et s'abreuve des retours des autres. Celle qui rend ses souvenirs éternels. Celle qui ne veut jamais s'arrêter de publier des livres, comme une addiction qui fait du bien.

*Laura la nageuse ?*

Celle qui défie les vagues, brave les courants, s'égare dans l'obscurité mais renaît au soleil, en un souffle. Celle qui poursuit ses objectifs, mais les perd souvent de vue. Celle qui fait des compétitions, ou simplement celle qui nage quotidiennement, pour la meilleure des raisons : se soulager. Celle qui aime l'eau plus que n'importe quoi d'autre. Celle qui souffre dans l'effort. Celle qui ne peut pas se passer des bassins trop longtemps, au risque d'imploser. Celle qui doute et qui y croit. Celle qui recule pour mieux avancer. Celle qui résiste.

*Laura l'optimiste ?*

Celle qui perçoit le soleil dans la pire des tempêtes. Celle qui voit le verre à moitié plein, et surtout débordant de joies. Celle qui a l'espoir pour boussole et le bonheur pour navire. Celle qui regarde par-delà les montagnes, car elle sait qu'elle finira tôt ou tard par les escalader.

*Laura la conférencière ?*

Celle qui sort de l'ombre et s'expose sous la lumière des projecteurs. Celle qui analyse son expérience pour ensuite la partager. Celle qui dépasse son stress et ose, sans jamais rien regretter. Celle qui veut sensibiliser, faire passer des messages positifs. Celle qui veut montrer la vie avec le handicap, dans ses difficultés et dans ses possibilités. Celle qu'on écoute et qui ne veut plus jamais se taire.

*Laura l'amie ?*

Celle qui est là, dans les rires comme dans les larmes. Celle qui donne autant qu'elle reçoit. Celle qui reste malgré le temps qui passe et la distance qui sépare. La main tendue. Les rires partagés.

*Un mélange de toutes ces facettes, et de bien d'autres choses ?*

J'apprends peu à peu, que je suis tout ça à la fois, et bien plus encore. Un puzzle dont j'identifie encore les pièces. J'apprends à faire la paix avec toutes ces parties de moi, qui forment le plus beau des miroirs brisés. J'apprends à laisser la place à tous ces morceaux de mon identité, qui n'attendent que de s'exprimer.

Je suis à la fois timide et à l'aise en public,
à la fois heureuse et abîmée,
sportive et épuisée,
écrivaine et à court de mots.

Noyade

*Si le bateau coule*

*J'ai beau lutter
encore et encore
j'essaie de me surpasser
de redoubler d'efforts.*

*Me voilà la tête sous l'eau
impossible de respirer
je m'enfonce à nouveau
je perds complètement pied.*

*C'est arrivé par accident
une seconde d'inattention
un regard, un souvenir blessant
peuvent me plonger en immersion.*

*Les membres crispés par la souffrance
je me laisse doucement sombrer
c'est aussi ça la différence
aucune bouée à laquelle se rattacher.*

*Clémance Colin*

Ils sont nombreux
à ne pas comprendre
et moi je n'ai peut-être pas
les bons mots pour le dire

*Stop
arrêtez-tout
je suis fatiguée
épuisée
écrasée
à bout de souffle
un pas de plus
un jour de plus
et je m'effondre.*

*Si le bateau coule*

Mon corps
si souvent
me
tire
vers
le
bas.

*Si le bateau coule*

J'ai peur
que mes efforts
ne suffisent pas
                          ne suffisent plus.

De m'acharner
pour rien.

De garder un goût de larmes
plutôt qu'un parfum de bonheur.

Que le meilleur
soit derrière moi.

J'ai peur de trop m'écorcher
en continuant.

*Si le bateau coule*

La fatigue
s'accumule,
des pierres
sur mon dos
sur mes épaules
sur ma tête.

*Partout*

*Épuisement*, nom masculin :
- Fantôme qui m'enlace sans bruit et me fait frémir.
- Valise que je traîne derrière moi, menaçant de me faire chuter à la moindre inattention.
- Océan qui me berce et me noie, qui me caresse et me broie.
- Cernes sur mon cœur qu'un sommeil réparateur ne répare pas.

*Si le bateau coule*

Note à moi-même :

Une semaine après l'autre,
un jour après l'autre, même.

Prends les instants comme ils viennent.

Ça ira
       mieux
              demain
              un jour
                      peut-être
                    enfin.

Quoi qu'il arrive
ça passera.

*Si le bateau coule*

J'ai peur de ne pas être à la hauteur.

*De ne jamais l'avoir été.*

*Si le bateau coule*

Il y a
cette voix
dans ma tête,
ce démon
qui crie
pour que je l'écoute,
pour que je tombe
avec lui.

Alors je remplis le vide
je comble les trous.

Je bouge
à droite
à gauche
je reste en mouvement
je ne baisse pas ma garde,
mais il trouve toujours
ma faiblesse,
attaque
à la tombée de la nuit
ou au lever du jour
et savoure sa victoire
en attendant
que je reparte au combat.

*Si le bateau coule*

Il faudrait que je lui donne un prénom
à cette voix, dans ma tête.

À cette voix qui crie
de jour comme de nuit,
me dévalorise
dans les échecs comme les victoires.

À cette voix qui hurle
quand le silence règne
ou que la foule m'emporte.

À cette voix qui prend toute la place
mais que personne
à part moi
n'entend.

Il faudrait que je lui trouve un prénom
passe-partout
en guise de drapeau blanc
pour lui tendre la main
et en faire mon amie
plutôt que mon ennemie.

*Si le bateau coule*

Je ne sais pas pleurer
mais parfois ça déborde
de mon cœur
de mes yeux
sur mon oreiller
dans la douche.

Tout sort
d'un coup
je ne peux plus
fermer les vannes.

*Cœur-fontaine*

*Si le bateau coule*

Il pleure dans mon cœur
ça déborde
ça dévale
cascade d'émotions
qui m'engloutit.

Je ne savais pas
que la pluie la plus diluvienne
venait de l'intérieur.

« Si seulement je pouvais pleurer sur commande, me délester de ce poids qui m'écrase le cœur trop souvent… »

*Si le bateau coule*

Ma tristesse,
simple goutte-à-goutte
qui parfois
devient cascade.

Les barrages
sautent
explosent
l'eau ravage tout
sur son passage
et m'emporte
loin du rivage.

*Si le bateau coule*

Trop de pression…

Mon âme a explosé
*grenade dégoupillée.*

Mon espoir a volé en éclats
*bombe amorcée.*

J'ai débordé
*volcan en activité.*

*Si le bateau coule*

Minuit,
nœud dans le ventre.

Une heure,
boule dans la gorge.

Insomnie
anxiété,
nuit
sans sommeil.

Deux heures,
pensées emmêlées.

Trois heures,
cerveau embrumé.

Réveil
anticipé,
journée
sans soleil.

*Si le bateau coule*

Il m'arrive encore
de me comparer
de me dévaloriser.

Ça prend moins de place
mais c'est là,
toujours.

Je me focalise sur mes défauts
et mon espoir
prend l'eau
emportant dans sa noyade
mon sourire
et ma force.

*Si le bateau coule*

Perpétuel combat
entre mes douleurs et moi.

Parfois je les affaiblis
mais le plus souvent
ce sont elles
qui m'épuisent,
m'anéantissent.

J'ai beau lutter
m'entraîner
me renforcer
elles ont le dessus
me clouent au sol
m'empêchent d'avancer.

*Si le bateau coule*

Il y a des douleurs fulgurantes :
un éclair qui me traverse
de part en part.

Il y a des douleurs sourdes :
le tonnerre qui gronde
et ne s'apaise pas.

Ma douleur
c'est l'orage
sans l'accalmie,
l'averse
sans répit.

*Si le bateau coule*

J'ai osé la murmurer
cette angoisse
que ça n'aille jamais mieux
que mon corps
reste mon ennemi
mon point faible.

*Si le bateau coule*

Mes pensées sont un tsunami.

Parfois elles me bercent à peine,
mais aujourd'hui
elles me submergent.

Comme une barque percée
en pleine tempête
je prends l'eau
et m'éclate
contre les rochers.

À leurs côtés,
j'ai l'impression
d'être une moins que rien.

**Encore.**

C'est si facile
si habituel
si instinctif
de me détester.

Apprendre à m'aimer
c'est nager à contre-courant
lutter
me débattre.

Alors parfois
je me laisse porter
et retourne à la source
là où je hais
chacune de mes particularités.

*Si le bateau coule*

Certains soirs
je déteste
tout de moi :

Mon ombre
mon reflet,
mes incapacités
mes limites
mon impossibilité à écouter mes limites,
mon angoisse
mon épuisement
ma peur de l'épuisement.

*Si le bateau coule*

Si quelqu'un visitait mon corps
il entendrait
la porte grincer,
il verrait
les murs s'émietter.

Il repartirait
fuirait
ne se retournerait
même pas.

Mais moi
je suis
*enfermée*.

*Si le bateau coule*

Si quelqu'un visitait mon esprit
il verrait le bazar,
l'amoncellement d'émotions
que je garde enfermées,
les rivières de larmes
qui n'ont jamais coulé,
les tas de souvenirs
que je redoute d'oublier,
les flammes d'amour
qui m'ont dévastée.

Il se prendrait les pieds
dans un bordel organisé
dans le chantier que je suis.

Il verrait les fissures
sur les murs,
l'eau qui s'écoule du plafond
et s'infiltre
partout.

Il verrait
le soleil
et la pluie,
le printemps
et l'hiver,
au même endroit,
au même moment.

*Si le bateau coule*

Je ne comprends pas toujours
mes pensées
mes démons
alors comment
les mettre en mots ?

*Si le bateau coule*

J'écris
tout ce que je n'ai jamais dit :

la féminité ensanglantée
la maladie invisible
l'angoisse de sentir son ombre (re)venir
le corps qui lutte qui souffre qui bute
le corps qui s'épuise se crispe s'enlise
les nuits à haïr tout de moi, surtout l'intérieur
l'épuisement qui vient de là ou d'ailleurs
l'angoisse de rechuter et de ne plus se relever
la peur du pire
les médicaments qui ne font pas effet
les cris étouffés parce que c'est pas si grave
de souffrir
quand on est une fille
quand on est une femme
c'est normal
d'avoir mal.

*Silence*

J'écris
pour tous ces soirs
où j'aurais dû crier
laisser ma colère exploser
hurler :

*Je suis là*
*je fais de mon mieux*
*arrêtez*
*de me délaisser*
*comme si je ne valais*
*rien.*

Dire
*j'ai encore des mots à écrire*
signifie
*j'ai encore des plaies à guérir.*

*Si le bateau coule*

Le froid s'engouffre
par tous mes pores,
même mon cœur
est gelé.

Il ne sait plus comment battre,
il ne fait que se débattre.

Cœur malmené par les flots
qui se bat
mais chavire
tangue
et se heurte
contre la falaise.

                                        Milliers d'éclats
                                            cœur-puzzle
                                          à recomposer
                                              à cajoler.

*Si le bateau coule*

La pluie a cessé,
alors pourquoi
je me sens toujours
si inondée ?

*Si le bateau coule*

Je bois la tasse
à grandes gorgées
souffle coupé
par mes pensées.

*Anxiété*

*Si le bateau coule*

Sans cesse repousser
le moment d'aller me coucher,
de me retrouver seule
avec mes pensées,
de laisser mes angoisses
m'enlacer puis m'étouffer.

Toujours décaler
l'instant fatidique
où mon cerveau s'active
où mes émotions se décuplent
où la nuit semble bien trop noire
où le jour semble bien trop loin.

*Si le bateau coule*

Rester vigilante,
ne jamais
baisser ma garde,
guetter
le moindre imprévu,
la minuscule goutte d'eau,
qui me ferait tomber
m'écrouler
sombrer
et repartir
de zéro.

*Si le bateau coule*

Le handicap
c'est la goutte de trop
dans le lac de mon épuisement.

*Si le bateau coule*

Trop souvent,
mes défaites m'ont définie.

Quand la sportive en moi échouait,
c'était mon estime de moi qui s'effritait.

Parce qu'en quelques secondes à peine,
tous mes sacrifices
s'envolaient.

*Trop souvent,*
*j'ai oublié mes victoires,*
*j'ai négligé le chemin parcouru,*
*les efforts, les combats.*
*Je me suis focalisée sur le pire,*
*oubliant le meilleur.*

*J'ai oublié d'être tendre*
*envers moi-même.*

*Si le bateau coule*

Ça fait mal,
de me dire
que certaines personnes
ne souffrent pas
en se réveillant le matin.

Ça fait mal,
de me dire
que la douleur
n'est pas le quotidien de tous.

C'est mon lot à moi,
le drame de mon existence.

*Si le bateau coule*

Je me souviens de ces soirs
seule
dans le noir
éblouie par un espoir trop lointain
sonnée par une injustice trop présente.

Je me souviens
de ces pensées
sombres
en boucle
m'enfermant
avec mon manque de confiance,
ma haine,
ma colère,
et toutes ces émotions
que je n'ai jamais su exprimer.

De plus en plus,
j'appréhende la douleur
comme un fantôme
qui se glisse sous ma porte la nuit,
comme un démon
qui s'accroche à mon épaule
à la moindre inattention.

J'apprends à enlacer les ombres
mais parfois
elles sont trop étendues
pour être étreintes
et moi je suis
trop éteinte
trop faible
pour être avenante
pour les accueillir
à bras ouverts.

*Si le bateau coule*

J'évite les plaintes inutiles,
j'essaie de ne pas me lamenter.

Mais souvent
ça déborde
je ne sais plus quoi faire
de ce raz-de-marée.

Ma seule solution,
c'est crier en silence,
c'est cracher sur mon clavier.

Je me renferme
et tais
les grincements de mon corps,
les craquements de mon âme.

Je me persuade
que personne
ne peut comprendre
ma douleur
et ses ravages.

*Si le bateau coule*

Je suis un robot
aux mouvements saccadés
au corps rouillé
aux os béton
aux grincements douteux.

*Si le bateau coule*

Il suffit de trois fois rien,
une bourrasque, une averse,
un silence, un mot,
une nuit blanche, un jour sombre,
pour que je doute
à nouveau.

# Profondeurs

*Si le bateau coule*

*Dans mes profondeurs il y a,*
*les souvenirs,*
*les restes de douleur,*
*les étrangetés de la vie,*
*les opacités,*
*la lenteur,*
*l'accalmie, aussi.*

*Dans mes profondeurs,*
*il y a moi,*
*ce que j'ai longtemps cherché*
*ce que j'ai fini par oublier.*
*Il y a mes bras et mes jambes*
*qui battent l'eau pour remonter,*
*la noirceur qui me garde en son sein*
*et me réchauffe de la peur.*
*Il y a la force que je dissémine,*
*il y a mes sourires tapis,*
*il y a la vie*
*prête à revenir,*
*et cette surface que*
*bientôt,*
*je serai prête à regagner.*

*Pauline Bilisari*

*Si le bateau coule*

Les mauvais souvenirs remontent à la surface
avec bien plus de force
que les bons.

J'ai peur
que ça recommence :
de ne plus savoir respirer.

J'ai peur de me perdre en eaux troubles
et de ne plus retrouver
ni ma bouée de sauvetage
ni le rivage.

J'ai peur de ne pas être assez,
ou d'être de trop.

C'est si rapide
si facile
de se laisser glisser.

J'ai senti les profondeurs m'attraper
vague de froid
enclume
chaîne aux chevilles
que je n'ai pas.

Je me suis laissée

                glisser.

J'ai côtoyé l'obscurité
pour vouloir rencontrer la lumière.

*Si le bateau coule*

Ma vie n'est pas un long fleuve tranquille.

Mon quotidien
c'est la mer déchaînée,
les vagues qui me font dévier
m'emmènent loin du rivage
me font me heurter
contre chaque rocher
que je croise.

*Si le bateau coule*

C'est fou
comme les souvenirs
m'attirent
vers le fond.

Des poids
trop lourds
pour mes épaules
pourtant musclées.

Je ne peux que m'incliner,
avalée
par les profondeurs
abyssales.

*Si le bateau coule*

Dans la vie j'entasse
tellement de souvenirs
d'angoisses
de stress
de peurs
de larmes ravalées
de nuits blanches
de colère non exprimée
d'injustices.

Alors
je ploie
sous tout ce poids
et plus rien ne tient
pas même
ma colonne vertébrale.

*Si le bateau coule*

Une douleur de fond
une alarme incessante
une menace.

> *Fais attention*
> *aux faux mouvements*
> *aux gestes brusques*
> *aux efforts répétés.*

> *Fais attention*
> *rien n'est jamais gagné*
> *avec ton corps.*

J'ai grandi dans un monde parallèle
où les enfants ne jouaient pas à la marelle.

Dans un monde
entre deux nuages
entre mille étoiles
où terre et mer se confondaient.

Dans un monde
où j'étais
un peu trop seule
mais pas si mal.

*Différente*

J'étais sous l'eau,
pas prête
à être
moi-même.

*Si le bateau coule*

Dis-moi pourquoi
ce monde tourne trop vite pour moi ?

Est-ce que c'était perdu d'avance ?
Est-ce que je n'avais aucune chance ?

Dis-moi pourquoi je cours après le temps,
après le monde, après les gens ?

Dis-moi pourquoi
je suis trop en avance
ou alors un peu en retard,
en perpétuel décalage ?

Dis-moi pourquoi
je marche à contresens
et nage à contre-courant ?

Dis-moi pourquoi
je ne rentre dans aucune case
même en me pliant en mille ?

Dis-moi pourquoi
les autres m'admirent
ou me méprisent,
m'enlacent
ou bien me cassent ?

Dis-moi pourquoi ?

Est-ce que je ne suis pas assez bien pour eux ?
Ou est-ce que c'est eux qui n'ont rien compris
à la différence
à la diversité ?

Dans mon miroir,
derrière mon reflet,
je cherche à percevoir
l'enfant que j'étais.

Pour lui demander pardon
et lui crier merci.

Pardon,
d'avoir égaré ton sourire
à plusieurs reprises.

Pardon,
d'avoir perdu ta pureté,
ton innocence.

Merci,
d'avoir toujours été là
pour me ramener sur notre chemin.

Merci,
de me rappeler d'où l'on vient
de me remémorer les tempêtes.

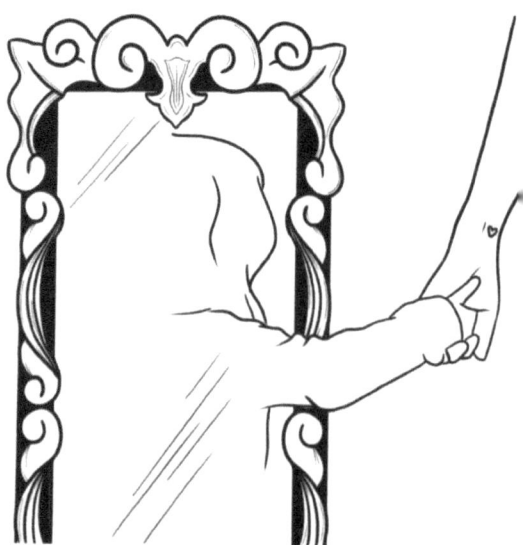

*Si le bateau coule*

Tantôt flamme
tantôt cendres,
tantôt trop visible
tantôt transparente.

*Pas de juste milieu*

Je suis seule
au beau milieu des vagues
en pleine mer
me débattant contre les éléments
luttant contre moi-même
alors que les autres
vivent leur existence
sereinement
sur la plage.

*À part*

*Si le bateau coule*

Perdre quelqu'un
brutalement
c'est voir le soleil s'éteindre
temporairement.

*Obscurité*

Le temps ne passe plus depuis ton départ.

Il est figé
autant que moi.

                        Suspendu.

La dernière fois que je t'ai vue
c'était hier
et il y a si longtemps déjà.

*Si le bateau coule*

Je ne veux pas que nos éclats de rire
deviennent de simples souvenirs,
de ceux qu'on doit chérir
même lorsqu'ils nous déchirent.

*Si le bateau coule*

J'ai peur
des départs
des lendemains pluvieux
du vide          que rien ni personne ne comble.

J'ai peur
de la solitude
qu'on ne choisit pas
qu'on n'anticipe pas.

J'ai peur
des adieux
qu'on ne prononce pas,
des *à bientôt*
qui sonnent faux.

J'ai peur
de la vie
quand elle éloigne
quand elle sépare.

*Si le bateau coule*

Depuis que tu es partie
j'ai peur que tous les autres
s'en aillent aussi.

J'ai peur des larmes
que personne ne sèche.

Depuis que tu es partie
il y a cette angoisse
qui enfle
dans mon ventre,
gonfle
dans ma poitrine,
s'installe
dans mes pensées.

Cette angoisse
des dernières fois
qu'on n'attendait pas.

*Car certains adieux
ne préviennent pas.*

Terrorisée
par ce temps qui passe
et ne revient pas.

Effrayée
par ces souvenirs qui s'étiolent
et ne ressuscitent pas.

Angoissée par ces jours
qui se meurent
et se succèdent sans un bruit.

J'ai peur
de voir passer ma vie
sans jamais la saisir
sans jamais l'enlacer.

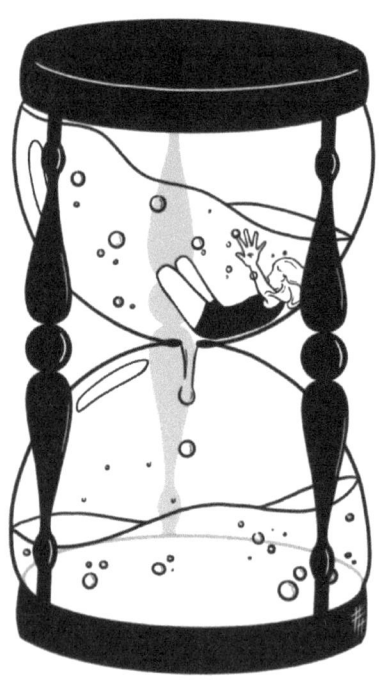

*Si le bateau coule*

Un goût amer
que rien n'efface.

Qui essuie
les larmes qui ne coulent pas ?

Qui entend
les cris étouffés
pleins de rage
sans échos ?

*Regrets éternels*

*Si le bateau coule*

Un jour
quelqu'un m'aimera
moi aussi.

Un jour
j'aurai de belles histoires d'amour
à écrire
et ce seront les miennes.

Pourquoi ça arriverait aux autres,
et pas à moi ?

J'ai envie d'y croire
rien qu'un peu
car j'ai tant d'amour
à donner.

Je voudrais oublier
cette petite voix
qui me murmure
que c'est moi
qui ne suis pas à la hauteur
pas assez belle
pas assez bien
pas assez normale.

Cette petite voix
qui me chuchote
que ça ne marche pas
jamais
nulle part.

*Il n'y a que moi qui l'entends,*
*pourtant, elle fait tant de bruit.*

*Si le bateau coule*

Mer de regrets
pointe salée d'injustice.

Si on m'avait écoutée
entendue
considérée,
le chemin aurait pu être
différent,
mes rêves ne se seraient pas
envolés.

Ma compétitivité vacille
oscille
comme une flamme
qui s'éteint
pour flamber plus fort encore.

Je ne sais pas comment la saisir
sans me brûler les ailes,
sans calciner mon plaisir.

Il y a des jours
où j'ai trop peur
de ne pas être à la hauteur.
Alors je préfère tout arrêter,
et conclure le livre
sur une *happy end*.

Il y a d'autres jours
où je ne sais pas qui je suis
sans l'excitation des compétitions,
sans l'envie d'être meilleure qu'hier.

Mais je ne suis pas certaine
de pouvoir encore progresser
quand mon corps ne fait
que de régresser
que de m'entraver.

*Si le bateau coule*

Mon cœur est fait de remous
et de vagues.

Il ne connaît pas le repos.

Il est intensité
hypersensibilité
émotions
déflagrations.

L'eau s'infiltre
dans chacune de ses brèches
faisant de mes blessures
ma pire faiblesse
et ma plus grande force.

Émotions exacerbées,
rires amplifiés,
larmes démultipliées.

Hypersensible,
c'est vrai.

L'intensité,
ça me connaît.

Montagnes russes,
sans arrêt.

Saut dans le vide,
sans filet.

Être un peu trop sensible
c'est être
soleil en temps de pluie
orage en plein été
arc-en-ciel caché.

C'est fermer les yeux
mais percevoir
l'intensité de la lumière
malgré tout.

C'est ressentir
les vibrations du cœur
encore plus fort
que celles de la musique.

Fardeau-cadeau
on apprivoise comme on peut
nos émotions débordantes.

Les émotions se bousculent
dans ma poitrine
et ma tête
dans mon corps
et mon esprit.

Comme des milliers de villageois
qui bâtissent leurs maisons
sans autorisation
et détruisent tout sur leur passage,
avancent
sans se retourner,
creusent
et laissent des vides
parfois trop remplis.

*Si le bateau coule*

Le cœur lourd
quand je réalise
que le passé
ne reviendra pas.

*Si le bateau coule*

Faire le deuil
d'un chapitre de ma vie,
d'une part de moi.

Accepter
que tout
évolue
et que le meilleur
est à venir.

*Si le bateau coule*

Cœur-tambour
qui bat
bat
au rythme de l'anxiété
pulse
pulse
au tempo de mes pensées
s'emballe
s'emballe
aucune musique pour le calmer.

Je navigue à l'aveugle
ma peine pour seule capitaine,
mon corps pour unique navire.

*Naufrage*

*Si le bateau coule*

Naufragée de ma propre existence
je suis sur le quai
le bateau a pris la mer
sans moi.

J'ai raté le coche.

Je me suis perdue.

*Si le bateau coule*

Si le bonheur me fait planer
quelques mètres au-dessus du rivage
c'est peut-être seulement
pour que la chute
soit plus longue
plus brutale encore.

Si le bonheur me remplit
de tant de rires et de sourires
c'est peut-être seulement
pour que le vide
soit plus vertigineux
plus gros encore.

Le contrecoup de mes instants de joie
est comme un boomerang
qui percute mon cœur
fait trembler ses parois
fragilise ses fondations.

*Si le bateau coule*

J'aimerais que ça soit plus simple
plus linéaire,
mais la vie
c'est l'instabilité même,
c'est les vagues qui se déchaînent.

« Si seulement je pouvais
sentir le soleil me réchauffer,
même en plein hiver,
même au beau milieu
de l'orage… »

*Si le bateau coule*

Mon *ça va*
ne sera jamais
celui des autres.

Mon *ça va*
c'est un fond douloureux
constant.

Mon *ça va*
c'est
*je n'ai pas les mots*
*pas la voix*
*pour dire*
*ce qui déconne*
*en moi.*

Mon *ça va*
est parfois
un *ça ira.*

*Si le bateau coule*

J'ai appris à taire ma douleur
par peur
de ne pas être entendue
écoutée
comprise
soulagée.

Pourtant j'aimerais
que quelqu'un porte ce poids
à ma place
quelques secondes.

J'aimerais pouvoir partager
dire
crier
vider
ce mal qui grignote mon corps.

*Si le bateau coule*

Je ne sais pas parler.

C'est comique
et tragique à la fois
pour quelqu'un qui aime les mots.

Je ne sais que m'effacer
me mettre en retrait
me faire oublier.

Je suis celle qui écoute,
rarement celle qui se confie.

Je n'évoque pas
mes joies
encore moins
mes peines.

J'essaie pourtant
mais les mots
coulent sur ma page blanche
ou se noient au fond de mon âme
pas encore prêts
à sortir.

*Tout ce que je ne dis pas*
*me brûle de l'intérieur.*

J'écris
des pages et des pages
maigre parapluie
contre l'orage.

*Si le bateau coule*

Verbaliser mes angoisses,
c'est leur dérouler le tapis rouge
et leur donner
encore plus de place.

*Alors j'ai appris à les taire,
à tenter de les étouffer.*

*Si le bateau coule*

Je cherche ma route
sans boussole
ni carte.

Perdue en pleine mer,
je ne sais pas
quel cap fixer.

Mes pensées
s'embourbent
dans l'angoisse de demain.

Elles oublient aujourd'hui,
elles négligent le présent.

Elles s'emmêlent
s'emmêlent
s'emmêlent encore
dans l'obscurité
de mes démons.

*Si le bateau coule*

J'ai toujours peur qu'on m'oublie,
sûrement
parce que c'est arrivé
si souvent.

Qu'on me laisse sur le banc
ou que le groupe
marche trop vite pour moi.

*Injustice*

Je les vois vos regards
vos yeux de travers
vos pupilles dilatées.

Au coin d'un boulevard
sur une rue piétonne
vous vous retournez
sur mon passage
mais tant bien que mal
je poursuis ma route.

Je perçois vos coups d'œil
discrets
et hésitants
brefs
ou insistants.

Je sens vos pensées
sur mon corps hors norme
sur ma démarche à l'arrache
sur mon instabilité.

Je vous vois
*autant que vous me voyez.*

*Se remettre à nager*

*Si le bateau coule*

*Il était une fois le ciel
et toutes ces larmes qu'il pleurait.
Il était une fois l'océan
et tous ces orages qu'il criait.
Il était une fois mon cœur
que toutes ces vagues submergeaient.*

*Enseveli, noyé, perdu,
tout le monde pensait qu'il ne battait plus.*

*Tel un naufragé,
il fallait le retrouver,
et sous la protection des flots,
lui et moi avons réappris à nager.*

*Nager à la force de l'espoir qui nous hantait,
nager pour oublier qu'autour de nous
plus rien ne respirait.
Nager au gré des tempêtes et des gouttes de pluie,
nager pour me rappeler qui je suis.*

*Je suis l'enfant qui a grandi,
celui qui pleurait les étoiles la nuit.
Je suis l'adulte qu'on a banni,
mais qui toujours, dans le noir, sourit.*

*Un brin de lumière,
un peu d'air,*

*et le cauchemar est enfin fini.*

*Aïdan Moonicane*

## *Si le bateau coule*

Si le bateau coule,
nous, on résistera,
on luttera,
on rejoindra le rivage.
Peu importe le temps que ça prendra,
on y arrivera.

Si le bateau sombre,
nous, on nagera,
à contre-courant s'il le faut,
on donnera
tout ce qu'on a.
On restera à la surface,
on vaincra.

*Si le bateau coule*

A-t-on
assez de temps
pour souffrir
puis guérir,
pour aimer
et ressasser,
pour douter
mais persister ?

A-t-on
assez de secondes
pour vivre,
assez de minutes
pour vibrer ?

J'ai beau courir
courir
courir
j'ai peur
de tout perdre
d'avoir déjà tout perdu
les souvenirs
les rayons du soleil
l'éternité
l'immensité.

Comment figer
capturer
savourer
l'instant ?

*Si le bateau coule*

Je vais mieux
mais est-ce que ça suffit
pour repartir au combat ?

Se sentir vivante,
vibrer,
briller...
Y a-t-il
un secret
caché dans les étoiles
perdu dans les profondeurs
quelque chose qui nous échapperait
l'évidence même ?

*Si le bateau coule*

*Note à moi-même* :

Progresse
pas à pas
marche après marche
jour après jour.

Petit à petit
tu te redresseras
à contre-courant
défiant le vent
tu avanceras.

*Si le bateau coule*

Je n'ai pas d'autres choix
que d'encaisser
que d'avancer
malgré la douleur.

*Échapper aux profondeurs*

Faire le deuil
de rêves *amputés*
d'envies *atrophiées*
d'espoirs *estropiés*.

Bifurquer,
m'écouter,
avancer.

Changer de chemin,
en espérant
ne rien regretter.

Quand mes pensées s'agitent,
que mon âme cogite,
j'imagine la mer.

Châle bleu
tout autour
de mon corps
crispé
fatigué.

Douce mélodie
qui apaise le vacarme de mes pensées
le fracas de ma peine.

*Berceuse*

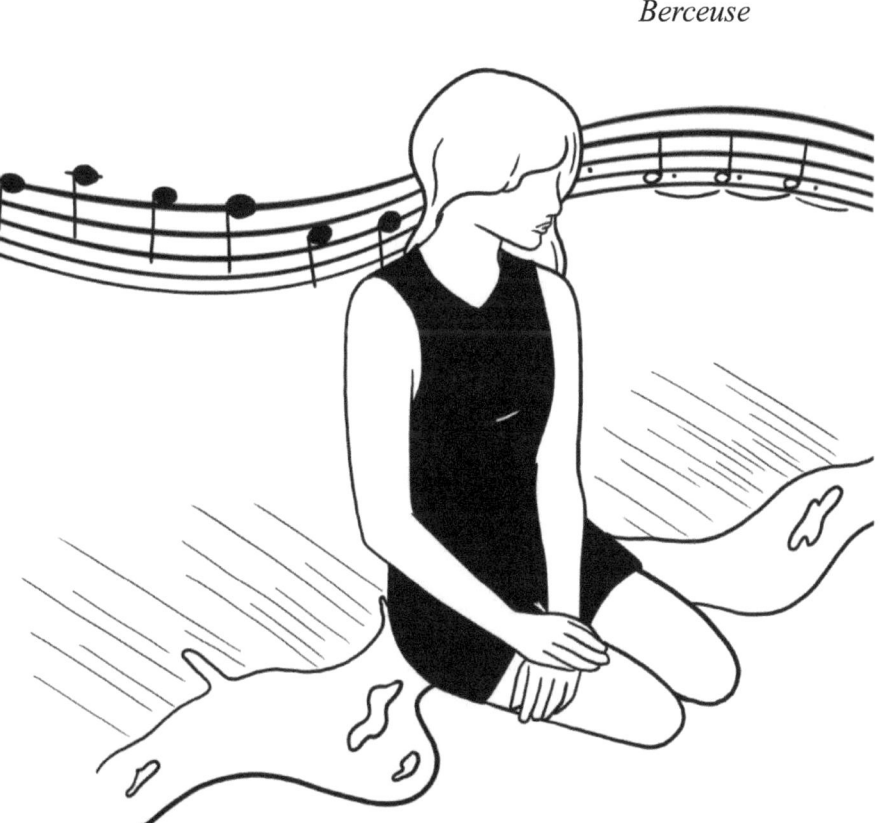

*Si le bateau coule*

Il y a des rechutes,
des jours où le ciel s'assombrit de nouveau,
des soirs où les démons crient un peu trop fort.

C'est normal.

J'ai beau lutter,
certaines cicatrices
saignent encore.

Les rechutes
brisent
mais me rappellent
le chemin parcouru
pour prendre soin de moi
pour panser mes plaies
et m'aimer un peu mieux.

*Si le bateau coule*

Un jour,
les vagues deviennent moins hautes,
le courant moins intense,
l'eau moins glaciale,
les algues moins encombrantes.

Promis,
un jour,
tu pourras avancer
*de nouveau.*

*Si le bateau coule*

Pourquoi attendre
de toucher le fond
pour remonter ?
*Ou au moins essayer…*

*Si le bateau coule*

Tant qu'on essaie,
on a la possibilité d'y arriver.

Tant qu'on avance,
tant qu'on continue,
tant qu'on tente notre chance,
rien n'est perdu.

Mon cœur
est rivières
marées
torrents.

En silence
il se débat
souffle coupé
muscles épuisés.

*Si le bateau coule*

Aller nager
c'est toujours la même rengaine,
un doux refrain.

C'est rassurant
ces repères fixes,
ce cadre immuable.

Même endroit
même heure
mêmes personnes.

Ça contient mes angoisses,
apaise mes doutes,
alimente mon bonheur.

Si tout s'écroule,
j'ai ça pour m'abriter ;
la piscine,
pour me réfugier ;
les sourires,
pour m'accueillir ;
mes rêves,
pour tenir.

*Si le bateau coule*

Nager
c'est se débattre
pour avancer
coûte que coûte.

Ne pas laisser les vagues
me déporter
me malmener.

*Si le bateau coule*

Je n'ai jamais pris
assez de temps
pour savoir
ce que je voulais
*vraiment,*
pour comprendre
ce qui est bon pour moi
*profondément.*

Liste de ce qui me console :

• Le soleil qui colore ma peau et réchauffe mon cœur. L'été après l'hiver. La lumière après la pénombre.
• Le sourire des inconnus dans la rue.
• Les éclats de rire de mes amies. Arc-en-ciel de bonheur. Explosion de douceur.
• Les ronronnements de mon chat.
• Le sport. Dépasser mes limites. Déplacer des montagnes.
• Lire et acheter des livres pour lire encore plus.
• Respirer à pleins poumons. Évacuer l'anxiété. Expulser mes chagrins.
• Voir mes amis réaliser leurs rêves les plus fous. Être aux premières loges de leurs réussites.
• Aimer à nouveau, qu'importe si ça me terrifie.
• Rêver, aussi fort que je le peux. Rêver grand, et ne laisser personne m'en dissuader.
• Écrire chaque jour.
• Les câlins de maman, les blagues de papa, les appels de mamie, les messages de mon frère.

*On oublie trop souvent les petits bonheurs de l'existence, alors dis-moi, toi, qu'est-ce qui te fait du bien ?*

*Si le bateau coule*

Je contemple le ciel
un peu plus chaque jour.

Je me nourris de sa lumière
et me noie dans son bleu azur.

Il est la plus belle des œuvres d'art,
juste au-dessus de nous.

Il n'est jamais le même,
et pourtant sa beauté ne ternit pas.

Malgré les nuages,
il illumine le monde entier.

Il me rappelle
que rien ne dure jamais
que tout passe
et revient
cycle infini
des saisons
de la vie.

Il m'invite à savourer l'instant
à apprécier le soleil
quand il est là,
et à ne jamais douter
qu'il reviendra.

Dans la vie
pas de certitudes
seulement des virages,
quelques naufrages.

Alors je me laisse surprendre,
je me laisse emporter
par la tempête de la vie
sans trop lutter.

Pas de chemin tout tracé
et c'est sûrement ça
qui me fait aimer la vie
et la haïr aussi.

Alors j'accepte,
je découvre,
je m'adapte.

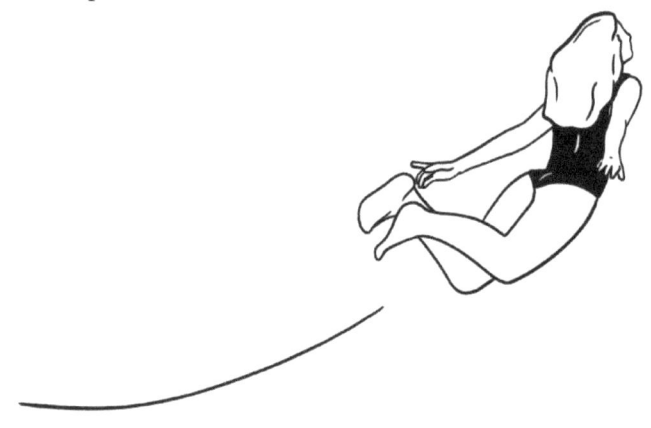

*Si le bateau coule*

Vouloir repartir sur de bonnes bases
effacer les aprioris
gommer les doutes
estomper les angoisses.

Ne pas laisser le passé
influencer le présent.

Laisser une nouvelle chance,
fixer l'horizon
et ne plus regarder en arrière.

Pardonner aux autres
mais surtout
se pardonner à soi
les chutes
les larmes
les doutes
les pensées noires.

*Pardon pour les blessures*
*je vais faire attention*
*je vais faire mieux.*

*Si le bateau coule*

Chaque matin
accueillir les douleurs
les haïr aussi parfois
les nouvelles
les plus anciennes
celles qui ne font que passer
et celles qui restent.

Se réveiller doucement
prendre son temps
ne pas brusquer
ni mon corps
ni mon esprit
si fragiles
sur le fil.

La douleur
fait partie intégrante
du tableau de mon existence.

Je dois apprendre
à composer avec elle
*malgré elle.*

Elle ajoute des taches de noir
au jaune bonheur de ma vie
au bleu calme de mes nuits
au vert espoir de mes jours
au rouge amour de mes contours.

Elle obscurcit
certaines zones
mais ne se répandra jamais
sur la toile entière.

*Les couleurs et la lumière
gagneront toujours.*

*Note à moi-même* :

Ne culpabilise pas
de prendre soin de toi
d'écouter ton corps
de souffler
d'être fatiguée
de ne plus en pouvoir.

*Tu fais de ton mieux.*

*Si le bateau coule*

« Si seulement on pouvait apaiser
les maux de notre corps
par la simple force
de notre esprit… »

Écrire,
c'est sortir la tête de l'eau
nager dans mes émotions
surfer sur les vagues
plonger dans mes souvenirs.

Nager,
c'est gribouiller mes rêves
rédiger mon histoire
gommer le handicap
effacer mes idées noires.

J'écris comme je nage,
avec passion
tête baissée
émotions exacerbées.

*Si le bateau coule*

Pardonnez-moi
il fallait
que je guérisse
que je me recompose
que je cherche
les pièces de mon puzzle
les lambeaux de mon âme
avant de pouvoir
écrire
et partager.

*Si le bateau coule*

J'écris pour ceux
qui ne parlent pas
qu'on oublie
qu'on ne regarde pas.

J'écris pour ceux qui ne marchent pas droit
pour ceux qui ne sortent pas de chez eux
pour ceux qui souffrent sans rien oser dire.

J'écris les silences
des différents.

J'écris la colère
des minorités.

J'écris la douleur
de ceux qui me ressemblent.

J'écris l'espoir
pour vous tendre la main.

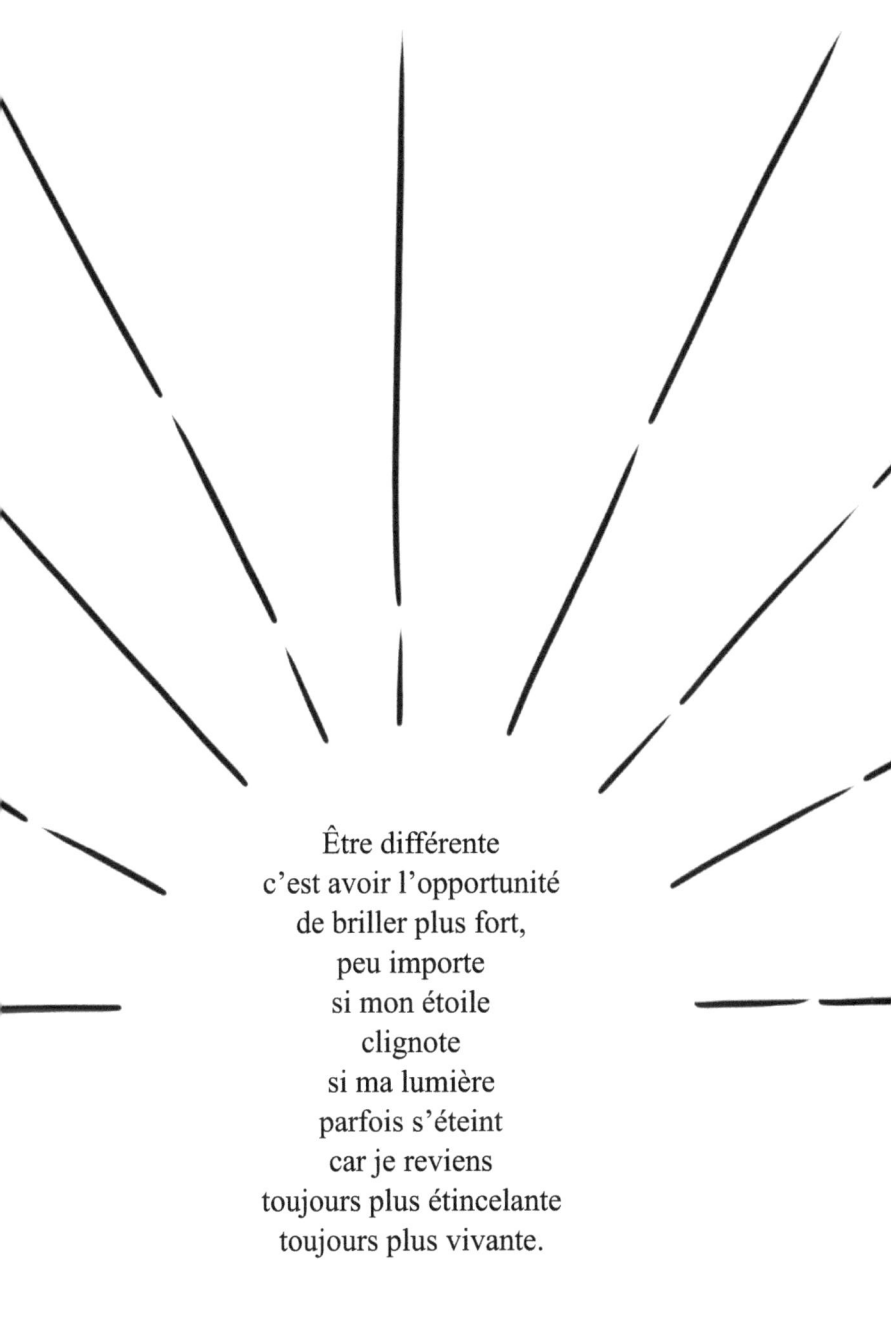

Être différente
c'est avoir l'opportunité
de briller plus fort,
peu importe
si mon étoile
clignote
si ma lumière
parfois s'éteint
car je reviens
toujours plus étincelante
toujours plus vivante.

*Si le bateau coule*

Il y a des moments
où je ne sais pas où je vais.

Je ne sais pas
ce qui est bon pour moi.

J'oscille entre
la peur de m'écorcher
et la peur de ne pas prendre de risques.

Je tangue entre
envie
et angoisse.

Alors j'avance
à tâtons
à l'aveugle.

Je me prends des murs
mais je repars toujours
*quoiqu'un peu sonnée.*

*Si le bateau coule*

On ne nous apprend pas
à être tendres avec nous-mêmes
à être indulgents
doux
bienveillants.

*On l'est souvent bien plus avec les autres.*

On ne nous apprend pas
à être heureux
à sourire
à prendre ce qu'il y a à prendre
à célébrer
à savourer.

*On laisse trop souvent passer la joie sans la saisir.*

La plupart du temps
je vis
la plupart du temps
j'enlace le jour
et embrasse l'espoir.

Le reste
j'improvise
je fais de mon mieux.

*Si le bateau coule*

Quand je repense à mes récentes victoires
à ces instants où je touche le mur
et embrasse mes objectifs,
le bonheur n'est pas aussi étincelant
qu'il devrait l'être.

J'ai perdu ça en cours de route.

Les réussites ne m'animent plus
autant qu'avant.

Je n'étais plus
sur le bon chemin.

*Égarement*

*Si le bateau coule*

Le quotidien
nous embarque
rapidement
facilement.

Il nous emporte
loin
de nos aspirations
de nos motivations.

*Rester en alerte*
*s'écouter*
*se recentrer.*

*Si le bateau coule*

Je laisse derrière moi
tant de souvenirs
et de sourires.

J'ai peur d'oublier
tout ce qui m'a forgée.

*Si le bateau coule*

Je ne veux plus
me mettre dans le rouge
avoir des idées noires
ruminer
suffoquer
me perdre dans le brouillard
me casser dans le trop
dériver
m'éteindre.

Je veux de la douceur
*malgré la douleur*,
du soleil
*dehors comme dedans.*

*Si le bateau coule*

L'envie
d'aller vite
d'aller loin
n'a pas disparu complètement.

Elle est là,
elle attend
sagement
que je sois prête.

C'est mon défi à moi :
trouver ma place
parmi les valides,
exister
par mes performances,
faire tomber
un maximum de barrières.

*Si le bateau coule*

Le courant a voulu me déporter
loin de ce que je veux
loin de ce que je suis.

J'ai nagé
j'ai appuyé de toutes mes forces
luttant contre l'eau
contre les éléments.

*J'ai résisté.*

Rivage

## Si le bateau coule

*J'approche la mer gelée*
*Au mois de juin*
*La roche est rouge*
*Le ciel est bleu*
*Mes peurs laissées*
*sur le bas-côté*
*Les vagues parcourent*
*mon corps abandonné*
*Je ne me retourne pas*
*prête à m'élancer*
*malgré le froid*
*La mer m'a consolée*
*a fait fondre mes larmes*
*L'espoir réchauffe mon cœur*
*Je vois au loin les rêves*
*Ils approchent*
*J'immerge ma tête*
*Dans l'eau trouble*
*Une fois à la surface*
*Plus sereine*
*Laissant couler les doutes*
*Au fond de l'eau*
*Mes pieds rencontrent les galets*
*Le rivage n'est plus très loin*
*L'amour m'attend là-bas*
*J'entends les rires*
*Et les éclats de vie.*

*Flore Perrault*

*Si le bateau coule*

Et puis
petit à petit,
un chemin se dessine
entre les vagues
à travers les montagnes.

Petit à petit,
après les naufrages
les détours
les ravages
les accidents de parcours,
tout fait sens.

Les planètes
doucement
s'alignent.

Chaque pas
va dans la bonne direction.

Année après année,
à force d'espoir
j'ai compris
qui je suis
et où je veux être.

Pardonnez-moi
je ne savais pas
qui j'étais
ce que je faisais
où j'allais
ce qu'on attendait
de moi.

Pardonnez-moi
j'étais
un peu paumée
pas très rusée
et surtout
tiraillée
entre
ici et ailleurs.

J'ai fait de mon mieux
j'ai tâtonné
essayé
échoué
retenté
persévéré.

J'ai fait de mon mieux
et je crois
que je ne m'en sors
pas si mal.

Parce que
je n'avais pas
toutes les cartes en main,
les dés étaient pipés
les jeux faussés
les mauvais sorts jetés.

*Si le bateau coule*

Mais j'ai fait mon chemin,
évité les obstacles
escaladé les montagnes
traversé les mers
et me voilà
essoufflée parfois
épuisée souvent
mais vivante démesurément.

*Si le bateau coule*

Je me repasse le film de mon existence
j'en ai le tournis,
un vertige infini.

Marcher,
défier la vie,
déjouer les pronostics.

Baisser la tête,
laisser les insultes ricocher sur ma peau
mais atteindre mon cœur
mon estime
et mon sourire.

Aimer,
m'y perdre puis m'y retrouver,
vide et remplie de sentiments inconnus,
d'angoisses, de doutes, de questions
qui tournent et retournent
quand moi je perds pied.

Nager,
puis me noyer
sans le dire
sans me l'avouer.

Gagner,
miser sur moi,
cumuler trophées, médailles, records,
et ne jamais m'en satisfaire,
vouloir toujours plus,
toujours mieux.

Courir,
pas pour fuir mais pour grandir
pour ressentir

pour tomber et me relever
pour faire tomber ces barrières
et me dire
*je l'ai fait.*

Poser sur des photos
flashs, mise à nu, sourires,
pour sublimer le handicap
montrer la différence
ne plus jamais laisser l'ombre gagner.

Écrire,
ne plus me taire
ne plus me cacher
rayonner
rencontrer des êtres qui comme moi
ont tant à dire
tant à partager.

Accepter,
marche après marche
défi après défi
jour après jour
sourires après larmes.

Vivre,
d'hier à aujourd'hui
de maintenant à plus tard
car le chemin continue.

*Flashs de souvenirs*

**Je suis heureuse.**

J'ai peur de l'écrire,
peur que ça ne dure pas,
peur de retomber bien trop bas.

Pourtant
je suis heureuse
je respire à nouveau
mon corps se libère de ses tensions
mon esprit se délivre de ses chaînes.

Je suis légère,
je flotte à la surface
admirant le ciel dégagé
l'horizon à portée de main.

*Si le bateau coule*

Il y a des rencontres
qui marquent
qui bouleversent.

Un regard,
un sourire,
trois fois rien pourtant.

Une évidence,
en silence.

Se comprendre,
sans rien dire.

*Si le bateau coule*

Certains partent
et nous laissent seuls
avec nos souvenirs
nos regrets
nos larmes
notre deuil.
On s'effondre
puis on rebondit.

Certains partent
et nous rappellent
que la vie n'est pas éternelle,
qu'il faut profiter de ceux qui restent
dire *je t'aime* tant qu'on le peut
savourer chaque seconde
de soleil
de sourire
d'amitié.

*À ceux qui sont encore là…*

*Si le bateau coule*

Je m'efforce de voir
le positif
dans chaque larme,
le rayon de soleil
dans chaque obscurité.

J'ai parfois détesté
mon reflet.

Mais celui que je vois
au fond de la piscine
ne me déplaît pas.

Il est léger,
libre comme l'air,
sombre et rayonnant à la fois,
amputé mais rapide.

*Si le bateau coule*

J'ai compris
que mon handicap
faisait de moi
quelqu'un de remarquable,
quelqu'un d'inoubliable.

*Si le bateau coule*

Parfois il n'y a rien à écrire,
et ce n'est peut-être pas plus mal.

Je préfère le silence
au fracas de mes pensées.

Je préfère la sérénité
au brouhaha des questions sans réponse.

Je préfère les sourires discrets
aux sanglots bruyants.

Je préfère le bonheur du quotidien
au malheur du passé.

Je préfère l'eau calme d'un lac
aux vagues agitées des jours de tempête.

*Si le bateau coule*

Il y a des évidences qui restent,
même quand on ferme les yeux,
qu'on fait tout pour ne plus les voir.

Mon évidence à moi,
c'est l'amour des compétitions,
la flamme du dépassement de soi.

Où que j'aille,
quoi que je fasse,
j'y reviendrai toujours.

*C'est là-bas que je suis née.*

*Si le bateau coule*

Certains sourires
ont le goût d'infini
le parfum d'encore
l'odeur d'enfin
la sensation d'éternité.

*Si le bateau coule*

J'ai si longtemps
eu la sensation
d'être invisible
de ne pas compter
de ne pas en valoir la peine.

Alors quand on me voit
quand on me considère
quand on m'écoute,
ça change tout.
Et pourtant c'est presque rien
juste un sourire
un mot
un regard
*qui fait la différence.*

Ce soir,
pas de boule dans le ventre
pas de nœud dans la gorge.

Mes démons,
peu à peu,
se taisent.

Mes souvenirs,
jour après jour,
se font moins lourds.

Libérée
d'un poids
qui ne m'appartenait pas.

Pourtant
je redoute encore
le moindre faux pas,
celui qui me ferait glisser
dans l'obscurité
là où je me déteste
là où je hais le monde entier
mais surtout mon corps
et ses incapacités.

*Si le bateau coule*

Il y a un an,
j'avais la tête sous l'eau.

Peu à peu,
mes ailes se sont (re)déployées,
enfin
je vole
laissant sur le rivage
mes remords
et bien plus encore.

Il y a un an,
j'avais le corps brisé
l'esprit torturé.

J'ai cessé de nager à contre-courant,
j'ai arrêté de me battre contre moi-même.

Peut-être qu'ils ont raison,
qu'on se remet de tout.

Je me suis remise de mon cœur brisé,
de mon corps épuisé.

Je me suis remise des adieux,
des au revoir silencieux.

Je me suis remise de ces rendez-vous ratés,
de ces opportunités manquées.

Je me suis remise de leurs regards,
de leurs mots-poignards.

Je me suis remise
de toutes ces plaies
de toutes ces larmes.

*Résilience*

*Si le bateau coule*

Je ne veux rien oublier
des larmes
de la douleur
du vacarme
de la peur.

Je ne veux rien oublier
de mes échecs
de mes doutes.

Je ne veux rien oublier
de ce chemin
escarpé
accidenté
interminable.

Je ne veux rien oublier :
mes défaites d'hier,
mes inquiétudes du passé,
rendront mes victoires de demain,
mes soulagements du futur
encore plus beaux.

Je me surprends à penser

*Il n'y a pas que le sport dans la vie.*
*Il y a les rencontres*
*celles qui bouleversent*
*qui changent la donne*
*redistribuent les cartes*
*et bien plus encore.*
*Il y a le repos*
*celui du corps*
*et celui du cœur*
*bien mérité*
*tant cherché*
*si peu trouvé.*

*Il y a d'autres horizons*
*à explorer,*
*d'autres rêves*
*à enlacer.*

*Je suis bien plus que la nageuse.*
*Tellement plus…*

*Si le bateau coule*

Il faut du temps
pour se (re)trouver
s'accepter
s'enlacer
s'aimer.

*Chemin tortueux*

Sans trop m'y attendre
je me suis sentie
accueillie,
à ma place.

Je n'avais pas à faire d'efforts
pour m'adapter,
pour rentrer dans le moule.

*Si le bateau coule*

Il y a des sourires
*qui effacent le goût amer de l'échec.*

Il y a des mots
*qui balayent les doutes.*

Il y a des encouragements
*qui ressuscitent l'envie.*

Il y a des rires
*qui déconcentrent mais rendent vivants.*

Il y a de la fatigue
*qui crée des cernes de bonheur.*

Il y a du sport,
du partage,
de la simplicité.

*Quand la vie a une saveur de fête.*

*À celle que j'étais* :

Désolée pour les larmes
et le manque d'armes.

Désolée pour les chutes
et ce trop-plein de luttes.

Mais le pire t'a forgée
arrosant ton cœur
pour fleurir
même en hiver.

*Si le bateau coule*

Je suis un mélange
de mes larmes et mes chutes d'hier,
de mes doutes et mes sourires d'aujourd'hui,
de mes rêves et mes envies pour demain.

*Si le bateau coule*

Au final
je suis
comme tout le monde.

J'ai mes cicatrices
et mes nuits tristes,
mes éclats de rire
et mes jours-sourire.

Mes victoires
sont une revanche
sur la vie
et sur ceux qui n'ont pas cru en moi,
ceux qui m'ont
délaissée
abandonnée
jugée
sous-estimée.

*Si le bateau coule*

Il faut retenir les rêves
s'y agripper
s'y accrocher comme à une bouée.

Il faut conserver les rêves
ne pas les laisser prendre la poussière
privés de lumière.

Il faut faire voyager les rêves
les emmener ailleurs
dans des contrées jamais visitées.

*Si le bateau coule*

Le parfum du bonheur
a une odeur de chlore,
un sentiment de liberté :
le silence
le calme plat de l'eau
la solitude
*celle qui répare, pas celle qui broie*
le soleil qui perce entre les nuages,
les rires,
l'effort.

*À ma place*

*Si le bateau coule*

Sous la pluie,
je nage.

        *Danse de la vie.*

Sous l'orage,
je souris.

        *Ode à l'espoir.*

Car le soleil est partout
où mon regard se pose.

        *Bonheur dans le cœur.*

Car les tempêtes
ne durent jamais.

        *Optimisme dans l'âme.*

J'ai longtemps cherché
ma place
mon équilibre.

Il m'a fallu
fuir
tomber.

Il a fallu connaître
l'enfer
le vacillement.

Mais enfin
le soleil réchauffe,
oubliés l'orage et les vagues.

Les défaites n'existent pas
tant qu'il y a l'espoir
et la persévérance.

« J'ai le cœur-sourire
quand je te vois. »

*À l'enfant qui pleurait en silence :*

On s'est accrochées,
on y a cru,
on s'est écorchées,
on a tant perdu.

Mais on a réussi.

On a trouvé le bonheur,
celui qui fleurit
dans le cœur.

*Si le bateau coule*

Retrouver
l'envie
d'avoir envie.

Ressusciter
le bonheur
d'être heureux.

*Si le bateau coule*

Jardin de mots
bouquets d'espoirs
rimes
en guise d'épines.

*Si le bateau coule*

Je veux qu'on se souvienne de moi
comme une fille souriante
même en pleine tempête.

*À mon cœur qui a trop aimé* :

Pardon
pour la solitude
pour le désert.

Pardon
pour les coups
pour les cicatrices.

Pardon
de ne pas nous avoir épargnés
de trop y avoir cru
ou pas assez.

Pardon
peut-être que je ne suis pas faite
pour être aimée.

Trop timide
trop bancale.

Pas assez jolie
pas assez stable.

*Si le bateau coule*

À l'amour :

Merci d'être à la fois
l'accident
et la reconstruction,
la foudre
et le paratonnerre.

Merci d'être à la fois
un frisson
une caresse,
et une gifle
une déflagration.

Merci d'être l'œuvre d'art
qui m'obsède
mais que je ne veux plus contempler.

Merci d'être là
même quand je ferme si fort les paupières
que je ne décèle plus que l'obscurité
le néant.

Merci de faire battre mon cœur
de ressusciter l'espoir
de raviver la flamme
d'illuminer la pénombre.

Merci de surgir sans prévenir
de t'accrocher à moi
quand je me laisse porter par des courants
un peu trop violents.

Je suis à la fois
forte et fragile.

Je suis
solaire et pluvieuse.

Je suis
nageuse et noyée.

Je suis
mes paradoxes
mes ambivalences
mes montagnes russes.

Je suis
mes larmes heureuses
mes sourires tristes
mes mots silencieux.

*Si le bateau coule*

Je ne suis pas le soleil,
je suis un rayon,
un astre amputé.

Mais peu importe
ça suffit
pour réchauffer mon cœur
et briller.

*Si le bateau coule*

Ils m'ont piétinée,
mais j'ai déployé mes ailes
et appris à voler.

*Si le bateau coule*

*À tous ceux qui n'ont pas cru en moi* :

Regardez-moi
je cours
je m'élance
je plane
je vole.

J'ai réussi
après avoir échoué,
je brille
après avoir fréquenté l'obscurité.

Regardez-moi
je continue ma route
plus personne ne m'arrête
je suis une étoile
qui file
qui scintille
de jour
comme de nuit.

*Si le bateau coule*

À force de pleurer,
j'ai appris à sourire.

À force de tomber,
j'ai appris à me relever.

Les difficultés
sont des occasions
de résister
de lutter.

Les tempêtes
sont des opportunités
pour se rencontrer
se (re)composer.

*C'est dans l'obscurité*
*qu'on crée*
*notre propre lumière.*

*Si le bateau coule*

Je dois beaucoup
à ceux qui n'ont pas cru en moi.
Ils m'ont forcée
à me débattre
à faire mes preuves
à réussir
à ne compter que sur moi-même.

Je dois beaucoup
à ceux qui m'ont blessée.
Ils m'ont appris
à panser mes plaies
à rebondir
à fleurir malgré la pluie
à guérir.

*Si le bateau coule*

La vie, la vraie,
se loge
dans chaque interstice,
naît
dans chaque silence,
s'épanouit
dans chaque bourgeon,
fleurit
dans tous les cœurs.

Elle est là
elle sait se faire
discrète
mais jamais invisible.

La vie, la vraie,
naît
au coin d'un sourire
se propage
dans le sang
fait battre nos cœurs
et vibrer nos âmes.

Elle est là,
pourvu qu'on ouvre les yeux.

*Si le bateau coule*

Me sentir
enfin
à ma place
après des années
à marcher sur le trottoir d'en face
à errer dans des impasses
le cœur lourd
l'âme en peine.

*À mon corps* :

Je t'ai haï
beaucoup
sous-estimé
souvent.

Je t'ai délaissé,
t'en ai trop demandé.

Pardonne-moi de t'avoir cru
si fragile
alors que tu es
si fort
si résistant.

*Pardon*
*et merci*
*(et je t'aime)*

*Si le bateau coule*

J'ai trouvé
ma place
dans ce monde bancal.

*Comment ?*

J'ai continué de marcher
quand tout mon corps souffrait.

J'ai poursuivi mes rêves
le souffle court
en manque d'amour.

J'ai cru
à des jours meilleurs
à de nouvelles lueurs.

Se sentir enfin chez soi
dans le monde
et dans son propre univers
c'est avoir le cœur qui bat
le bon tempo
sans se déchirer
sans exploser,
c'est sourire toujours plus
sans se forcer
sans rien cacher.

C'est regarder autour de soi
et percevoir des milliers d'étoiles
en plein jour.

*Si le bateau coule*

Gratitude infinie
envers la vie
et ses étoiles dans la nuit.

Celles qui, par leur éclat,
ravivent ma lumière.

Celles qui, par leur calme,
apaisent mes angoisses.

Celles qui, par leur beauté,
me donnent envie d'aimer
de rêver
plus grand
plus longtemps
encore
plus fort.

*Rencontres*

*Si le bateau coule*

Des vagues de souvenirs
me noient
mais je ne résiste pas
je me laisse submerger.

Tsunamis de rires
à la tombée de la nuit,
raz-de-marée de rencontres
au lever du jour.

Grains de sable
accrochés au cœur,
parfum de chlore
sur la peau,
soleil
dans l'âme.

Certains souvenirs
nous manquent
à peine créés.

Certaines personnes
nous manquent
à peine quittées.

*Montpellier 2024*

*Si le bateau coule*

Il y a des parenthèses
qu'on voudrait éternelles.

Il y a des lieux
qu'on souhaiterait habiter pour toujours.

Car parfois,
la vie devient magie :
les sourires s'étirent,
les émotions se décuplent.

On est là
où on doit être.

Cette semaine-là,
j'ai crié
à m'en casser la voix,
j'ai pleuré
jusqu'à épuisement,
j'ai souri
à m'en coincer la mâchoire.

Cette semaine-là,
j'ai vécu
avec intensité,
sans tricher.
J'ai profité du spectacle
sans en perdre une miette.

J'ai dans le cœur, dans la tête,
des souvenirs à raconter
pendant des siècles.

*Merci Paris 2024.*

*Si le bateau coule*

Guérir
c'est laisser
les vagues
se déchaîner
puis
petit à petit
se remettre à nager
et admirer
le soleil se lever
par-delà les mers
par-delà les montagnes.

*Si le bateau coule*

Enfin,
il est là
mon second souffle.

Il fallait
un virage
après les naufrages,
de nouveaux visages
pour rejoindre le rivage,
des sourires
pour effacer les mauvais souvenirs.

Enfin,
je respire,
je me libère.

*Reconstruction*

Le bonheur
nous permet
de résister
aux tremblements de terre,
aux secousses
qui hier
nous auraient fait tanguer.

Le bonheur
force invisible
qui endurcit le cœur
forge l'espoir
nourrit les rêves
éclaire l'horizon
tel le plus beau coucher de soleil
sur l'océan.

*Si le bateau coule*

Je tiens terriblement à la vie
je m'y accroche
malgré les secousses,
je m'y agrippe
de toutes mes forces.

*Si le bateau coule*

J'écris
pour ne pas oublier
les obstacles dépassés
les défis surmontés
les montagnes escaladées.

J'écris
pour me rappeler
la violence des chutes
l'impact des mots
le poids des larmes qui ne coulent pas.

J'écris
pour me souvenir
d'où je viens
ce que j'ai traversé
où je vais.

J'écris
pour laisser une trace
du pire
et garder
le meilleur.

*Si le bateau coule*

Quoi qu'on fasse,
où qu'on aille,
il nous restera ça :

Cet indicible espoir
jamais englouti par l'obscurité,
cet amour fou
jamais assassiné par nos cœurs brisés.

Quoi qu'on fasse,
où qu'on aille,
il nous restera ça :

Ce chemin parcouru,
ces souvenirs bâtis
pierre après pierre,
ce puzzle assemblé
pièce après pièce.

Il nous restera
tous ces liens
tissés puis arrachés,
toutes ces versions de nous
aimées puis détestées.

Il nous restera
le parcours du combattant,
les obstacles surmontés,
les peurs dépassées,
la résilience ancrée.

*Si le bateau coule*

On riait
sous le soleil
comme sous la pluie,
on soufflait
entre deux accalmies,
on échangeait
entre deux rafales.

On râlait parfois
mais en vérité
on était heureux d'être là.

On doutait
mais on se donnait.

On souffrait
mais on avançait.

Ensemble
on avait trouvé
une raison
une maison.

Ensemble
on n'avait plus rien à chercher
tout était déjà là,
dans les flots
et dans nos sourires.

*Tout en mieux*

## Si le bateau coule

On ne sait jamais
quels instants
se perdront dans les profondeurs de l'oubli
et quels souvenirs
flotteront à la surface
comme des trésors jamais engloutis.

Mais ce jour-là,
je savais
que chaque sourire
deviendrait or,
que chaque seconde
trouverait sa place dans mon monde.

Je ne marchais pas,
je planais, je volais.

Le soleil et le feu
ne faisaient qu'un,
ça flambait dans mon cœur,
ça crépitait dans mes yeux.

Ce jour-là,
je portais
toutes mes blessures et tous mes pansements,
toutes mes déceptions et toutes mes victoires,
toutes mes solitudes et toutes mes rencontres.

Je portais
la paix, les rêves, l'amour, l'amitié, la résilience,
l'envie.

*Flamme Olympique*
*flamme de la vie*

J'ai hâte de voir
ce que l'avenir me réserve
ce que la vie a à m'offrir.

J'ai hâte d'enlacer mes rêves
d'embrasser de nouveaux espoirs
de peindre d'autres sourires.

Remerciements

Comment ne pas débuter cette partie par une pensée à Jacqueline et à Marie-Pierre ? J'aurais aimé qu'elles puissent lire ce livre. Elles font partie, sans aucun doute, des personnes qui m'ont le plus soutenue, encouragée. Jacqueline, par ses compliments incessants qui m'ont redonné confiance en moi à chaque fois. Marie-Pierre, pour avoir été présente dans les moments difficiles, pour avoir partagé mes victoires, et encouragé tous mes projets avec un engouement immense.

Merci à ma famille, mon père, ma mère, mon frère, à qui je parle très peu de mes projets d'écriture, pour ne pas créer d'attente, ne pas les décevoir. Mais je sais qu'ils me soutiennent, qu'ils sont derrière moi à chacun de mes projets, qu'ils me font confiance. Et ça, ça vaut de l'or.

Merci à mes grands-mères pour l'amour qu'elles me portent.

Merci à Alice, pour nos conversations écriture et lecture qui me font tant de bien à chaque fois.

Merci à tous mes amis nageurs et nageuses, au groupe du midi, pour m'avoir si bien accueillie, pour m'avoir tant aidée sans même le savoir. Un merci particulier à Laura qui, peut-être ne s'en souviendra pas, mais m'a inspiré le titre de ce recueil au détour d'une de nos discussions.

Merci à mes amis auteurs et autrices. En premier lieu, Clémance, Pauline, Aïdan et Flore qui m'ont offert une partie de leur talent pour ce livre. En plus d'être des amis précieux, vous êtes pour toujours dans ce recueil.

Pauline, encore et toujours, pour m'avoir aidée à embellir ce recueil. Pour m'avoir boostée dans la dernière ligne droite. Pour ton talent, ton amitié, ta résilience. Pour tout ce que tu es, et tout ce que tu apportes au monde de la poésie et à mon monde à moi. Pour nous apprendre à danser sous la pluie avec toi.

Camille, sache que je me souviendrai toujours de la soirée où j'ai reçu tes illustrations. Merci pour ton travail, si parfait, si symbolique, si pur. Je te l'ai déjà dit, mais tu mérites tous les compliments du monde et bien plus. Tellement honorée d'avoir collaboré avec toi pour ce recueil si important pour moi.

Eriel et Aïdan, mes bêtas-lecteur·rice·s pour presque tous mes projets (sauf celui-ci, j'espère qu'il vous a plu). Pour supporter mes doutes et mes angoisses. Pour croire en moi plus que moi-même parfois. Ma vie d'autrice est plus belle quand vous êtes à mes côtés.

Maria, Mahuna, Jehanne, Fantin, PN, Sarah, Yasmine, Anne, Morgane, Anaïs, Flore ; pour ces moments de vie et d'écriture partagés (et pour tous ceux à venir, je l'espère).

Merci du fond du cœur à Eugénie, Eve, Florine, Andréa, Laura, Jade, Nouria, Delphine. Pour faire partie de ces amitiés qui durent malgré le temps et les aléas de la vie.

Merci à vous, lecteurs et lectrices. Ceux qui me découvrent avec ce livre ou ceux qui ont déjà lu les précédents. Merci pour votre soutien, vos partages, vos messages. J'écris aussi pour vous.

Et puis, merci à la vie,
pour ses défis,
ses éclaircies.
Merci d'être ma plus belle source d'inspiration.

J'espère sincèrement que ce recueil vous aura plu. Je l'ai écrit pour (me) dire que, peu importe ce qu'on a traversé, on peut aller mieux. Alors prenez soin de vous. Tâtonnez, essayez, persévérez, et vous trouverez votre voie.

Et surtout, n'hésitez pas à me faire un retour sur ce livre, à me partager vos impressions de lecture.
Vous pouvez le faire sur Instagram : @lauuswim ou @ressuscitemonsourire

N'hésitez pas, également, à en parler autour de vous, c'est vous qui faites vivre ce recueil désormais.

À très vite, je l'espère. ♥